# RÈGLEMENT

## DU 14 MAI 1896

SUR

## L'ORGANISATION ET LE FONCTIONNEMENT

DU

# SERVICE DE LA TÉLÉGRAPHIE LÉGÈRE

DANS LES

# TROUPES DE CAVALERIE

*(Extrait du Journal militaire, 1ᵉʳ semestre 1896, nᵒ 17.)*

PARIS

LIBRAIRIE MILITAIRE DE L. BAUDOIN

IMPRIMEUR-ÉDITEUR

**30, Rue et Passage Dauphine, 30**

1896

# RÈGLEMENT

## DU 14 MAI 1896

### sur

### L'ORGANISATION ET LE FONCTIONNEMENT

#### du

# SERVICE DE LA TÉLÉGRAPHIE LÉGÈRE

## DANS LES TROUPES DE CAVALERIE

## CHAPITRE PREMIER.

### OBJET ET FONCTIONNEMENT GÉNÉRAL DU SERVICE DE LA TÉLÉGRAPHIE LÉGÈRE EN CAMPAGNE.

#### Objet du service.

Art. 1ᵉʳ. Le service de la télégraphie légère a pour objet de permettre à la cavalerie d'utiliser les divers moyens de communication rapide actuellement en usage (télégraphes électriques, optiques et téléphones), pour assurer la transmission des renseignements recueillis ou des instructions données par le commandement.

#### Fonctionnement général du service en campagne.

Art. 2. Le service de la télégraphie légère relève directement, dans chaque division, du chef d'état-major et, dans une brigade isolée, du général commandant la brigade.

Ce service est chargé :

D'assurer, lorsque les circonstances le permettent, les relations télégraphiques entre le général commandant la cavalerie et les quartiers généraux, soit de l'armée, soit des corps d'armée, dans le rayon desquels opère la cavalerie.

Il concourt, lorsque le réseau des lignes télégraphiques le permet, à la liaison des principaux échelons de la cavalerie.

A cet effet, il utilise les lignes télégraphiques existantes. Il répare, le cas échéant, à l'aide du matériel dont il dispose ou du fil trouvé sur place, les grandes lignes télégraphiques parallèles ou transversales qui peuvent lui permettre de communiquer avec l'arrière, ou avec les corps voisins. A l'aide du câble dont il dispose il rétablit au besoin les tronçons de ligne enlevés.

Lorsque le terrain s'y prête, il utilise les appareils optiques pour compléter les relations électriques ou les suppléer.

## CHAPITRE II.

### ORGANISATION DU SERVICE DE LA TÉLÉGRAPHIE LÉGÈRE.

#### 1º PERSONNEL.

### A. — Fonctionnaire attaché à la division de cavalerie.

Art. 3. Un fonctionnaire du service de la télégraphie militaire, du grade de chef de poste ou de sous-chef de section, est affecté au quartier général de chacune des divisions de cavalerie. Ce fonctionnaire est chargé de la direction du service de la télégraphie légère de la division, sous l'autorité du chef d'état-major ou d'un officier de l'état-major de la division désigné spécialement à cet effet. Il est pourvu d'une ordonnance et d'une monture par les soins d'un des régiments de cavalerie de la division.

### B. — Personnel des régiments de cavalerie.

#### Ateliers régimentaires.

Art. 4. Chaque régiment de cavalerie, autre que les chasseurs d'Afrique, possède 4 télégraphistes, savoir :

1 maréchal des logis ou 1 brigadier chef d'atelier ;
3 cavaliers.

Dans chaque brigade un des chefs d'atelier devra être du grade de sous-officier.

Ce personnel forme un atelier ; on lui adjoint un vélocipédiste.

#### Recrutement du personnel.

Art. 5. Dans chaque régiment, les télégraphistes sont désignés parmi :

1º Les cavaliers qui ont suivi avec succès un cours d'instruction télégraphique à l'École d'application de cavalerie ;
2º Les cavaliers ayant appartenu à l'administration des postes

et des télégraphes comme agents manipulants et, exceptionnellement, ceux qui ont été exercés dans les bureaux télégraphiques
de la garnison et dont l'instruction technique est reconnue suffisante.

Désignation des cavaliers élèves télégraphistes.

Art. 6. Chaque année, après l'appel de la classe, le Ministre
fixe le nombre des cavaliers que chaque régiment doit envoyer à
l'Ecole d'application de cavalerie pour y recevoir l'instruction
télégraphique. Ces cavaliers sont choisis, par le chef de corps,
parmi ceux qui, n'ayant jamais appris le maniement des appareils, possèdent une bonne vue et justifient d'une instruction
générale suffisante, au moyen d'un examen passé devant une com-
mission composée de trois officiers :

Un capitaine, *président ;*
Deux lieutenants ou sous-lieutenants, *membres.*

Cet examen comprend deux épreuves : une dictée et une composition d'arithmétique élémentaire.

En outre, les militaires, anciens agents manipulants du service
des postes et des télégraphes, versés dans les régiments de cavalerie, sont désignés dans leur première année de service pour
suivre, à l'Ecole d'application de cavalerie, un cours de télégraphie militaire. Ils forment à l'Ecole une division spéciale dans
laquelle peuvent être admis chaque année, sur la proposition de
leur chef de corps, un certain nombre de militaires instruits anté-
rieurement à leur entrée au service ou exercés dans les bureaux
de la garnison depuis leur arrivée au corps.

L'époque de l'envoi, ainsi que la durée du séjour à l'Ecole de
cavalerie, des deux divisions d'élèves télégraphistes désignés aux
paragraphes précédents, sont fixées par le règlement organisant
cette Ecole. Les élèves télégraphistes rentrant au corps participent
aux exercices techniques de l'atelier, bien que n'y étant point
encore titulaires d'un emploi.

Avancement des télégraphistes. — Mutations dans le cadre des ateliers.

Art. 7. Un emploi de brigadier ou de maréchal des logis est
réservé constamment au 5e escadron pour être attribué au chef
de l'atelier régimentaire. En cas de fractionnement du régiment,
ce gradé est mis en subsistance aux escadrons actifs.

Le capitaine instructeur fait au colonel les propositions nécessaires pour pourvoir aux emplois de maréchal des logis ou de
brigadier chef d'atelier, dès qu'ils deviennent vacants.

Les cavaliers télégraphistes concourent entre eux pour l'avancement à ces grades ; il est tenu compte dans une juste mesure,
pour le choix des candidats, des notes obtenues par eux à l'Ecole
d'application de cavalerie et à l'Ecole régionale de télégraphie
légère.

Les trois cavaliers télégraphistes sont répartis entre les escadrons actifs.

En principe, tout télégraphiste gradé ou non gradé, classé dans le cadre des ateliers, doit être laissé dans son emploi spécial pendant tout le temps de service actif. Exceptionnellement, lorsqu'il y aura lieu d'enlever à un télégraphiste son emploi, sur sa demande ou d'office, cette mutation ne sera effectuée par le chef de corps qu'avec l'autorisation, dans une brigade de corps d'armée, du général de brigade, et, dans une division de cavalerie, du général de division, qui s'assurera que le cadre des télégraphistes reste bien au complet.

Direction et surveillance de l'instruction des télégraphistes dans les corps.

Art. 8. Le gradé télégraphiste est chargé de l'instruction spéciale des télégraphistes du régiment ; il en est responsable.

L'ensemble du personnel des ateliers est placé sous la direction du capitaine instructeur, ou, à défaut, d'un officier désigné par le colonel.

Le capitaine instructeur surveille l'instruction technique et le service spécial des télégraphistes et prend des mesures pour qu'ils participent, dans des conditions déterminées, aux exercices d'un escadron désigné à cet effet.

Cet officier fait au colonel les propositions nécessaires pous assurer le recrutement des télégraphistes, régler leur service spécial et leur service régimentaire.

Travail dans les bureaux télégraphiques de l'État.

Art. 9. Les télégraphistes sont tenus de travailler dans les búreaux télégraphiques de la garnison. Le temps de présence de chacun d'eux dans ces bureaux doit être de trente-six heures, au moins, par mois.

Les heures de séance sont déterminées, dans une garnison occupée par un seul régiment de cavalerie, par le chef de corps, d'accord avec le représentant local de l'administration des télégraphes. Dans une garnison occupée par plusieurs régiments, le commandant d'armes assigne à chaque corps, après entente avec l'administration locale, les heures de travail des cavaliers télégraphistes.

A la fin de chaque trimestre, le fonctionnaire chef du bureau télégraphique local adresse au chef de corps un rapport sommaire sur la conduite et le travail des cavaliers fréquentant les bureaux.

Les télégraphistes concourant à l'exécution du service dans les bureaux, en dehors des heures fixées pour leur instruction au présent article, pourront recevoir de l'administration une indemnité dont le taux sera fixé par le représentant local de ladite administration, suivant les ordres de son directeur, après accord avec le chef de corps. Cette indemnité ne sera pas inférieure à 0 fr. 20 par heure.

Tenue et insignes.

Art. 10. La tenue de campagne et de manœuvres des cavaliers télégraphistes est déterminée ainsi qu'il suit pour chaque subdivision d'arme :

*Cuirassiers :* Tenue actuelle sans la cuirasse.

*Dragons et cavalerie légère :* Tenue actuelle, le revolver remplaçant la carabine.

Les cavaliers télégraphistes portent, comme insigne distinctif, des foudres brodés sur la manche gauche du vêtement. Ces foudres, conformes au modèle usité dans le service de la télégraphie militaire, sont en laine bleue pour les brigadiers et cavaliers, brodés argent et soie bleue pour les sous-officiers.

2° MATÉRIEL.

A. — Composition et prise en charge.

Composition du matériel.

Art. 11. Le matériel affecté au service de la télégraphie légère comprend :

1° Le matériel des ateliers régimentaires ;
2° Le matériel spécial de brigade.

L'instruction spéciale du 14 mai 1896 détermine la composition du lot de matériel de chaque unité.

Chaque brigade dispose d'une voiture à un cheval pour le transport du matériel régimentaire et du matériel spécial de brigade.

Prise en charge.

Art. 12. Le matériel régimentaire est pris en charge par le corps auquel il est attribué.

Le matériel spécial et la voiture de brigade sont pris en charge par un des régiments de la brigade désigné à cet effet : ce régiment assure, en cas de guerre, l'attelage et la conduite de la voiture ; l'un des régiments de la division est en outre désigné pour prendre en charge le harnachement à délivrer contre remboursement au fonctionnaire attaché à cette division.

Les corps sont responsables du matériel télégraphique qui leur est confié.

Ils en tiennent un compte de gestion établi d'après la nomenclature P du service du génie et en adressent une expédition en fin d'année au Ministre de la guerre (4e direction (Génie) ; 2e Bureau (Matériel).

## B. — Entretien du matériel dans les régiments de cavalerie.

### Dispositions générales.

Art. 13. L'instruction du 14 mai 1896 détermine les mesures de détail à prendre pour assurer l'entretien du matériel télégraphique.

L'officier désigné à l'art. 8 du présent règlement est spécialement chargé de veiller à la conservation du matériel confié au régiment.

### Matériel et outillage.

Art. 14. Les maîtres ouvriers des corps sont chargés, sous la surveillance spéciale de l'officier désigné à l'article précédent, chacun en ce qui concerne sa spécialité, de l'entretien du matériel télégraphique. Ils reçoivent à cet effet un abonnement annuel fixé à :

|  | CHEF ARMURIER. | MAÎTRE SELLIER. |
|---|---|---|
| Pour le matériel de l'atelier régimentaire............. | 2 00 | 1 50 |
| Pour le matériel spécial de brigade.................. | 1 50 | 1 00 |

Le matériel à l'entretien duquel doit pourvoir chacun des maîtres ouvriers est détaillé dans l'instruction du 14 mai 1896.

La dépense d'abonnement annuel aux maîtres ouvriers incombe au budget du service de la télégraphie militaire ; les avances sont faites par les corps, sur les fonds généraux de leur caisse ; elles leur sont remboursées, en fin d'exercice, par voie d'ordonnancement ministériel sur production de pièces justificatives à faire parvenir en double expédition au Ministère de la guerre (4e direction, Génie ; 2e Bureau, Matériel), dans le courant du mois de février de l'année qui suit celle de l'exécution du service.

### Appareils.

Art. 15. Le gradé télégraphiste est chargé de l'entretien des piles et des appareils électriques, téléphoniques et optiques ; il visite le matériel une fois par mois (le dernier samedi de chaque mois) ; il fait graisser ou huiler les divers objets et l'outillage, s'il y a lieu, par les cavaliers télégraphistes ; les maîtres ouvriers lui fournissent, au moyen de leur abonnement, les ingrédients nécessaires.

## C. — Visite et inspection annuelle du matériel. — Réformes et remplacements.

Visite et inspection annuelle du matériel d'instruction des écoles
régionales de télégraphie légère.

**Art. 16.** Le lot de matériel d'instruction affecté à chaque école
régionale est conservé, en dehors des exercices d'instruction, par
le service du génie. L'entretien de ce matériel est assuré par le
service du génie et par les soins du Dépôt central de la télégraphie militaire dans les conditions prévues pour le matériel des
dépôts secondaires. (Instruction du 4 avril 1895, *B. O.*, p. r.,
p. 397.)

Inspection annuelle du matériel en dépôt dans les corps.

**Art. 17.** Chaque année, le Ministre fait vérifier le matériel en
dépôt dans les régiments de cavalerie par un capitaine du génie
désigné spécialement pour cette mission.

Cette inspection a pour but de constater l'état du matériel par
un examen détaillé et pièce par pièce des objets.

Elle a lieu en présence de l'officier du corps spécialement
chargé de surveiller l'instruction des cavaliers télégraphistes.

Le capitaine du génie inspecteur procède, au moyen des
comptes de gestion tenus par les corps, au recensement du matériel et constate les excédents et les déficits ; il note sur des états
du modèle n° 2 ci-joint le matériel en mauvais état, en indiquant
celui qui peut être réparé sur place, celui qui doit être renvoyé
au Dépôt central de la télégraphie militaire et celui qui peut être
proposé pour la réforme.

Les réparations à faire sur place sont exécutées par les soins
du corps.

Le matériel à réparer par le Dépôt central est expédié à cet
établissement sur l'ordre du Ministre, mais seulement lorsque les
corps ont reçu le matériel de remplacement correspondant.

Le matériel à proposer pour la réforme est présenté à l'examen
de l'inspecteur général de l'arme.

Le capitaine du génie inspecteur fait fonctionner devant lui les
appareils électriques de transmission et de réception ; il fait également procéder au déroulement du câble par les cavaliers télégraphistes qui sont mis à sa disposition pendant la durée de la
visite.

Il examine les locaux dans lesquels est entreposé le matériel,
mais seulement au point de vue de l'influence que peut avoir leur
aménagement sur la conservation du matériel ; il indique les dispositions à prendre pour assurer le rangement méthodique et le
parfait entretien de ce matériel.

Il vérifie l'aménagement intérieur des voitures légères de brigade.

Le résultat de la visite est consigné dans un procès-verbal modèle nᵒ 1 ci-joint, établi de concert entre le capitaine inspecteur et l'officier du corps chargé de la surveillance de l'instruction des cavaliers télégraphistes ; ce procès-verbal est remis au colonel commandant le régiment, qui en fait prendre une copie conforme pour les archives du corps et transmet l'original par la voie hiérarchique au Ministre (4ᵉ Direction, Génie ; 2ᵉ Bureau, Matériel).

L'école de télégraphie d'Alger visite et inspecte le matériel des régiments de chasseurs d'Afrique, dans les conditions prévues à l'article 44 ci-après.

### Remplacement du matériel mis hors de service.

Art. 18. Afin de permettre au service de la télégraphie légère de posséder en tout temps son matériel au complet et en bon état, les dispositions suivantes sont prises dans le cas où un appareil ou un objet important aurait été mis hors de service, par cas de force majeure ou toute autre cause, dans le courant de l'année en dehors des périodes de visite spécifiées à l'article 17 ci-dessus et à l'article 44. Un compte rendu (auquel sera joint, le cas échéant, un procès-verbal de perte ou de dégradation) est établi par le corps et transmis sans retard au Ministre (4ᵉ Direction, 2ᵉ Bureau) qui prescrit les mesures nécessaires pour le remplacement de l'appareil ou de l'objet mis hors de service.

Les régiments de chasseurs d'Afrique envoient ce compte rendu à l'école de télégraphie d'Alger, qui effectue le remplacement ainsi qu'il est indiqué à l'article 44 ci-après.

## CHAPITRE III.

### INSTRUCTION DES CAVALIERS TÉLÉGRAPHISTES EN TEMPS DE PAIX.

#### 1ᵒ. INSTRUCTION DES CAVALIERS TELÉGRAPHISTES DANS LE RÉGIMENT.

##### Dispositions générales.

Art. 19. Dans le but de leur permettre de développer leur instruction technique, les cavaliers télégraphistes sont dispensés du service ordinaire de leur corps, toutes les fois que les nécessités de leur service spécial l'exigent (travail dans les bureaux télégraphiques de la garnison, exercices de paquetage et exercices optiques), mais ils montent à cheval tous les jours. Les détails d'exécution de cette mesure seront réglés par le chef de corps en tenant compte des prescriptions de l'article 9 du présent règlement et des dispositions des articles 20 et 21 ci-après.

Exercices électriques.

Art. 20. Le matériel de la télégraphie électrique confié aux régiments de cavalerie constitue l'approvisionnement de mobilisation du service de la télégraphie légère.

Ce matériel ne devra, en principe, être mis en service qu'aux manœuvres des divisions de cavalerie ou aux manœuvres d'automne ; toutefois, dans certains cas exceptionnels, tels que marches d'ensemble, exercices combinés, etc., les régiments et les brigades pourront en disposer avec l'autorisation du général commandant.

Dans l'intérieur des corps, il sera fait, à la fin de chaque mois (en principe, le dernier samedi), un exercice de chargement et de paquetage du matériel des ateliers télégraphiques sur les chevaux, ainsi qu'un exercice de chargement de la voiture légère de brigade dans les corps qui en possèdent une.

Exercices optiques.

Art. 21. Les appareils optiques de 0,10 qui font partie du chargement de la voiture légère de brigade seront utilisés, en temps de paix, pour perfectionner l'instruction des cavaliers télégraphistes.

Dans les régiments qui en sont pourvus, des séances d'exercices optiques auront lieu deux fois par semaine, en alternant le jour et la nuit.

Lorsqu'il sera possible de le faire sans qu'il en résulte des frais de transport pour le budget de la guerre, les deux appareils optiques de 0,10 de chaque brigade seront confiés successivement, pendant six mois, à chacun des régiments de la brigade. Il appartiendra aux généraux commandant les brigades de régler dans ses détails l'application de cette disposition et de prévoir les mesures à prendre afin que les appareils optiques puissent être réintégrés dans la voiture au moment d'une mobilisation inopinée.

Art. 22. Dans chaque régiment pourvu d'appareils optiques, l'officier chargé de la surveillance des cavaliers télégraphistes établit à la fin de chaque mois, sur la proposition du gradé télégraphiste, un programme d'exercices optiques pour le mois suivant. Ces exercices ont lieu d'abord à courte distance sur des points connus : peu à peu ils sont exécutés sur des terrains variés à des distances de plus en plus grandes. Lorsque leur instruction le permet, les cavaliers télégraphistes reçoivent connaissance seulement de la direction générale de leur correspondant ; chaque poste s'exerce alors à rechercher le poste qui lui est opposé de manière à entrer le plus rapidement possible en communication avec lui. Le chef d'atelier est pourvu d'une carte des environs de la garnison par les soins de l'école régimentaire.

L'officier chargé de la surveillance des cavaliers télégraphistes se rend souvent aux exercices pour s'assurer de l'exécution des ordres donnés.



### Fourniture de mèches et pétrole.

Art. 23. L'achat des mèches et du pétrole nécessaires pour les exercices optiques des cavaliers télégraphistes incombe, dans chaque corps, à la masse des écoles régimentaires.

## 2°. INSTRUCTION A L'ÉCOLE RÉGIONALE DE TÉLÉGRAPHIE LÉGÈRE.

### A. — Période annuelle d'instruction.

#### Cavaliers télégraphistes à envoyer à l'école régionale.

Art. 24. Chaque année, les cavaliers télégraphistes titulaires des corps de troupe sont appelés à prendre part à une période d'instruction de vingt-huit jours, non compris le jour de l'arrivée et le jour du départ, dans une des écoles régionales de télégraphie légère organisées à :

Versailles;
Limoges;
Lunéville;
Lyon.

Les anciens manipulants de l'administration des télégraphes appartenant à la dernière classe appelée ne sont pas envoyés à ces écoles avant d'avoir effectué une période d'instruction à l'Ecole d'application de cavalerie.

#### Mise en route des cavaliers télégraphistes.

Art. 25. Les cavaliers télégraphistes sont réunis à l'Ecole régionale de télégraphie légère par série de 3 ou de 4 brigades, les brigades d'une même division étant convoquées dans la même série.

Ils sont mis en route, chaque année, par les soins de leur régiment, conformément aux dispositions du tableau B ci après, sans attendre de nouveaux ordres.

Les cavaliers télégraphistes appelés à l'école n'emmènent pas leurs montures. Ils emportent avec eux tous leurs effets, moins la cuirasse et le fusil; à l'école, les exercices ont lieu en veste et effets de 2e tenue.

Les détails relatifs à l'installation des cavaliers télégraphistes à l'Ecole régionale de télégraphie légère sont réglés par l'autorité militaire locale.

### B. — Organisation et fonctionnement de l'École.

#### Organisation de l'école.

Art. 26. L'Ecole régionale de télégraphie légère est rattachée à un régiment de cavalerie de la garnison pour l'administration et la discipline générale. Ce régiment reçoit du service local du génie le lot de matériel d'instruction spécifié dans l'état A ci-après ; il en assure la conservation. Il dispose pour l'entretien de l'Ecole (menues dépenses, achats de pétrole et objets de bureau, réparations au matériel, etc.) d'un crédit de 200 francs, prélevé sur les fonds du service de la télégraphie militaire. Le corps fait les avances nécessaires sur les fonds généraux de sa caisse dans la limite du crédit fixé, et les dépenses lui sont remboursées, en fin d'exercice, sur la production de pièces justificatives à faire parvenir au ministère de la guerre (4e Direction, Génie; 2e Bureau, Matériel).

Chaque école possède une voiture légère de brigade d'instruction, attelée par le régiment auquel elle est rattachée.

L'Ecole régionale dispose encore de huit chevaux de selle pourvus de harnachement (quatre de cuirassiers ou de dragons et quatre de cavalerie légère, autant que possible) fournis par les corps de cavalerie de la garnison pour servir aux exercices de paquetage et aux exercices extérieurs.

#### Direction de l'instruction.

Art. 27. Un capitaine de cavalerie, désigné par le commandement, est chargé de la direction et de la surveillance de l'Ecole de télégraphie légère.

Un fonctionnaire du service de la télégraphie militaire, choisi parmi ceux qui sont affectés aux divisions de cavalerie ou proposés pour cet emploi, est chargé de donner aux cavaliers télégraphistes l'instruction technique, théorique et pratique. Ce fonctionnaire est pourvu d'une ordonnance et d'une monture par les soins du régiment auquel l'Ecole est rattachée. Le lot de matériel d'instruction affecté à l'Ecole régionale comporte, en outre, un harnachement destiné au fonctionnaire précité.

#### Instruction du personnel.

Art. 28. L'instruction est donnée conformément aux indications du programme joint au présent règlement. Le fonctionnaire instructeur établit à l'avance et soumet au capitaine directeur de l'Ecole un tableau journalier de l'emploi du temps. Il dirige l'instruction technique et se fait seconder dans les détails et la surveillance des exercices par le gradé le plus ancien de chaque brigade. Dans les exercices extérieurs, ces gradés, lorsqu'ils sont appelés à diriger des groupes isolés, peuvent être pourvus chacun de l'un des chevaux affectés à l'Ecole, si ces montures ne sont pas déjà employées au transport du matériel télégraphique destiné à ces exercices.

Le capitaine, directeur de l'Ecole de télégraphie légère, assure l'exécution du tableau de service qu'il a arrêté, sur la proposition du fonctionnaire de télégraphie militaire ; il enseigne lui-même la lecture des cartes et dirige personnellement les exercices extérieurs qui s'y rapportent. Il est chargé en outre de la police et de la discipline de l'Ecole et des relations à entretenir avec les autorités militaires et administratives.

Indemnités pour exercices d'optique à grande distance.

Art. 29. Pendant leur séjour à l'Ecole, les cavaliers télégraphistes reçoivent, le cas échéant, pour leurs exercices optiques à grande distance, l'indemnité prévue par la décision présidentielle du 24 avril 1886 ; cette indemnité ne peut être allouée, en aucun cas, pour plus de huit séances par périodes d'instruction de vingt-huit jours.

Elle est mandatée par le service de l'intendance et reste imputable aux crédits réservés pour le service de la télégraphie militaire (personnel).

Rapports à fournir.

Art. 30. A la fin de chacune des périodes d'instruction, un rapport succinct est adressé par la voie hiérarchique au Ministre (Division de la cavalerie ; Cabinet) indiquant la nature des résultats obtenus dans l'instruction. Un état conforme au modèle C, joint à ce rapport, indique les noms et les grades des cavaliers télégraphistes qui ont accompli une période d'instruction à l'Ecole régionale et spécifie, par une note de 0 à 20, l'habileté de chacun d'eux dans la manipulation et la transmission à l'aide des appareils électriques et optiques.

Ce rapport est établi par le fonctionnaire de la télégraphie militaire chargé de l'instruction ; il est visé et annoté, s'il y a lieu, par le capitaine de cavalerie chargé de la direction et de la surveillance de l'Ecole.

Matériel d'instruction.

Art. 31. Le matériel d'instruction nécessaire au fonctionnement de l'Ecole et dont le tableau A indique le détail, est délivré par le service local du génie au corps de troupe auquel l'Ecole est rattachée au moment de l'ouverture de cette Ecole ; il n'est réintégré par ledit corps au même service qu'après la clôture des grandes manœuvres.

Cette délivrance de matériel est constatée au moyen d'un inventaire détaillé dressé par le comptable du service du génie et au bas duquel le directeur de l'Ecole donne récépissé. Ce document est rendu lors de la réintégration du matériel dans les magasins du génie ; les pertes survenues ayant à être constatées au moyen de procès-verbaux dressés par le chef du génie sur le vu de rapports dûment circonstanciés établis par le directeur de l'école (ou le fonctionnaire du service de la télégraphie militaire) et de tous autres documents ou renseignements propres à déterminer les responsabilités encourues.

3°. INSTRUCTION DES CAVALIERS TÉLÉGRAPHISTES<br>AUX MANŒUVRES.

Manœuvres.

Art. 32. Dans les manœuvres de régiments, de brigades ou de divisions de cavalerie, du temps de paix, les cavaliers télégraphistes sont exercés à la transmission des renseignements dans des conditions se rapprochant le plus possible de celles de la guerre. Ils se conforment, en principe, aux règles spécifiées au chapitre IV ci-après.

Ils utilisent les lignes existantes avec l'autorisation de l'administration des télégraphes ou de la compagnie de chemins de fer intéressée, suivant le cas.

CHAPITRE IV.

RÈGLES GÉNÉRALES POUR LE FONCTIONNEMENT DU SERVICE<br>DE LA TÉLÉGRAPHIE LÉGÈRE EN CAMPAGNE.

A. — Direction du service.

Art. 33. Dans chaque groupe de divisions ou de brigades de cavalerie placées sous un même commandement, un fonctionnaire du service de la télégraphie militaire, attaché à l'état-major du général commandant, est chargé, sous les ordres du chef d'état-major ou d'un officier de l'état-major désigné spécialement à cet effet, de diriger l'ensemble du service de la télégraphie légère des divisions et d'assurer, suivant les circonstances, les communications du groupe de cavalerie avec les quartiers généraux des armées ou corps d'armée avec lesquels le groupe est en relations.

Art. 34. Dans chaque division de cavalerie, le fonctionnaire du service de la télégraphie militaire, attaché au quartier général, est chargé de la direction du service de la télégraphie légère de la division, sous l'autorité du chef d'état-major, ou d'un officier de l'état-major de la division, désigné spécialement à cet effet.

Ce fonctionnaire est responsable du bon emploi du matériel, il assure le ravitaillement des voitures de brigade au fur et à mesure des besoins. Il enregistre avec soin les mouvements du matériel technique qu'il prescrit et tient constamment à jour l'état de ce matériel restant disponible. Il exerce une surveillance constante sur les ateliers régimentaires ; il s'assure que leur matériel est tenu en bon état et que les consommations sont régulières et justifiées. Il rend compte au chef d'état-major de la division ou à l'officier de l'état-major de la division susvisé, des négligences ou des abus qu'il serait appelé à constater.

Art. 35. En principe, dans chaque brigade, les ateliers régimentaires sont réunis en un groupe placé sous les ordres du gradé le plus ancien. Ils peuvent également être réunis par division, lorsque le général commandant en donne l'ordre. Dans ce dernier cas, ils forment une section légère qui est placée directement sous l'autorité du chef d'état-major de la division ou d'un cfficier de l'état-major de la division désigné pour le remplacer et qui reçoit ses ordres par l'intermédiaire du fonctionnaire de la télégraphie militaire.

Dans chaque brigade, le gradé chef d'atelier le plus ancien de la brigade a la direction du service de la télégraphie légère ; il est responsable du matériel spécial contenu dans la voiture de la brigade.

Lorsque plusieurs brigades non endivisionnées ont à opérer momentanément ensemble, leur service peut être centralisé sous la direction du plus ancien gradé télégraphiste.

Dans chaque régiment de cavalerie, le chef d'atelier est responsable du matériel de son atelier, il a la direction du service et assure les ordres donnés par le colonel.

B. — Fonctionnement du service dans les marches<br>et les opérations.

Art. 36. Les télégraphistes se tiennent habituellement pendant les marches avec le gros des troupes.

En principe, dans les colonnes, les voitures de télégraphie légère marchent en tête de l'ambulance de la division de cavalerie.

Dans les combats, les télégraphistes sont groupés au train de combat.

C. — Fonctionnement du service dans les stationnements<br>et cantonnements.

Art. 37. Dès que les troupes de cavalerie sont arrêtées, le service de la télégraphie légère s'installe et recherche les communications électriques et optiques qu'il est possible d'établir avec les quartiers généraux de l'armée ou du corps d'armée et celles qui permettent de concourir à la liaison des principaux échelons de la cavalerie. Il utilise les lignes télégraphiques encore existantes, en les réparant au besoin. Des postes optiques sont installés sur les points apparents situés dans le voisinage ; l'attention des postes correspondants est appelée, s'il est nécessaire, à une heure convenue à l'avance par le poste central de la division au moyen des étoiles blanches ou rouges lancées par les pistolets signaleurs.

## D. — Missions diverses.



Art. 38. Dans les mouvements en avant, le service de la télégraphie légère recueille, au fur et à mesure de la marche, des renseignements sur l'état des lignes et des bureaux télégraphiques des régions traversées.

Dans chaque division ou groupe de divisions de cavalerie, le fonctionnaire attaché à l'état-major certifie et tient à jour, au fur et à mesure de la marche en avant, la carte du réseau télégraphique du pays. Il transmet ces renseignements aux états-majors intéressés.



Art. 39. En pays ennemi, des cavaliers télégraphistes sont désignés pour accompagner les officiers chargés de surprendre et de reconnaître un bureau télégraphique. Les sous-officiers ou brigadiers télégraphistes peuvent être chargés également d'exécuter cette mission avec leur atelier.

La surprise d'un poste télégraphique peut permettre d'y saisir des documents d'une grande importance ; l'attention doit se porter particulièrement sur les instructions écrites laissées dans le bureau qui révéleraient des indications sur les opérations ou les mouvements projetés de l'ennemi, sur les archives de la journée et des jours précédents, les originaux des dépêches de départ, les rôles d'inscription des dépêches au moment de leur dépôt, les papiers-bandes et enfin les récépissés constatant la remise des dépêches à leurs destinataires. L'examen des bandes et récépissés de dépêches fera connaître les lieux d'origine et les destinataires.

Un compte rendu de la reconnaissance effectuée, auquel sont joints les documents ou renseignements recueillis, est transmis sans retard au commandement.

Dès leur arrivée dans un poste télégraphique ennemi, les cavaliers télégraphistes font cesser iinstantanément tout travail de transmission ; ils laissent au contraire dérouler les bandes d'appareil sur lesquelles des dépêches seraient reçues des postes correspondants.

Les lignes aboutissant à un bureau surpris pourront être, dans certains cas, utilisées dans un but déterminé ; mais toute communication avec un poste ennemi ne devra être tentée qu'en présence et sur les indications d'un officier.



Art. 40. La destruction des postes abandonnés et des lignes télégrapiques du territoire ne doit être effectuée que sur l'ordre formel des généraux commandant l'armée ou la cavalerie indépendante, et, le cas échéant, des généraux commandant les corps d'armée.

Un poste télégraphique peut être mis momentanément hors de service si l'on détruit les communications intérieures, le fil de terre, les piles, etc. Pour le rendre plus radicalement inutilisable, il convient de démonter et d'enlever les appareils de transmission. Si le temps fait défaut ou si les moyens manquent pour effectuer cette opération, on brise les électro-aimants ou bien on les met simplement hors d'usage en entaillant fortement le fil enroulé autour des bobines. On peut enfin rendre inutile un appareil Morse en brisant le levier d'impression de manière que la lecture au son elle-même ne soit pas possible.

Pour mettre hors de service pendant quelque temps et d'une façon efficace une ligne télégraphique, il faut y multiplier les coupures en enlevant chaque fois, s'il est possible, de distance en distance, plusieurs mètres de fil ; si l'on dispose du temps et des moyens nécessaires, on coupe quelques poteaux se suivant, près du sol, et, en les renversant, on rompt à la fois les fils et les isolateurs ; on coupe les poteaux à la scie articulée ou on les brûle pour qu'ils ne puissent plus servir.

Lorsque le temps fait défaut, on peut encore mettre les lignes télégraphiques hors de service en y créant de simples dérangements soigneusement dissimulés. Ces dérangements consistent dans le mélange ou la mise à la terre des conducteurs à l'aide de fil fin masqué derrière les poteaux ou introduit dans les fentes de ces poteaux.

Pour détruire une ligne souterraine dont on connaît le parcours, on commence par rechercher le conducteur en creusant une tranchée transversale suffisamment profonde pour découvrir le câble armé ou le tuyau dans lequel le câble est enfermé.

Suivant le cas, le conducteur est coupé avec une hache, une pioche ou une hachette à pic, ou bien détruit à la dynamite ; les coupures sont renouvelées à distance ; s'il est possible, on enlève et on dissimule une partie du conducteur.

Les guérites de raccordement ont une grande importance : en les détruisant, on supprime à la fois toutes les communications par fils aériens ou souterrains qui y aboutissent.

Communications avec l'arrière.

Art. 41. Une des préoccupations constantes du service de la télégraphie légère sera de maintenir des communications avec les armées ou corps d'armée que précède la cavalerie.

A cet effet, au fur et à mesure de la marche en avant on devra toujours chercher à maintenir en bon état, en les réparant, au besoin, quelques lignes fixes longeant les grandes voies de communication ou les voies ferrées ; l'essai de ces lignes sera fait, en avançant, successivement à tous les postes. Les petites réparations seront faites au moyen du matériel dont les ateliers disposent.

A défaut de lignes électriques, on s'efforcera d'établir des communications avec l'arrière en utilisant les appareils optiques des voitures de division.

## E. — Ravitaillement du matériel.

Art. 42. Dans les brigades de cavalerie endivisionnées, le gradé chef du service télégraphique délivre aux ateliers, au fur et à mesure des besoins, les objets prélevés sur la réserve spéciale de la voiture, qui leur sont nécessaires ; il note avec soin les distributions qu'il effectue et tient constamment à jour un état du matériel restant disponible. Lorsque la réserve de la brigade est à moitié consommée, il adresse une demande de ravitaillement au fonctionnaire du service de la télégraphie militaire attaché à la division. Cette demande est transmise, par les soins du chef d'état-major de la division, au parc du génie de l'armée.

Dans les brigades non endivisionnées, les demandes de ravitaillement sont adressées par le chef d'état-major de la brigade au parc du génie du corps d'armée.

Chaque parc du génie de corps d'armée ou d'armée comporte une réserve de matériel de télégraphie légère ; ces réserves sont elles-mêmes alimentées par les ressources fournies par l'arrière.

## CHAPITRE V.

### DISPOSITIONS SPÉCIALES AUX RÉGIMENTS DE CHASSEURS D'AFRIQUE.

Organisation du service télégraphique.

Art. 43. En principe, les régiments de chasseurs d'Afrique ne sont pas pourvus de matériel électrique ; ils disposent seulement de deux appareils optiques légers qui sont placés sur des chevaux dans les conditions déterminées par l'instruction du 14 mai 1896.

Le nombre de cavaliers télégraphistes de ces régiments est de quatre, dont un gradé, à raison de deux télégraphistes par appareil optique.

Le recrutement des télégraphistes est assuré par les soins de chaque régiment, qui envoie à cet effet le nombre d'élèves nécessaire suivre à l'Ecole de télégraphie optique d'Alger une période d'instruction à une partie de laquelle participent les télégraphistes titulaires.

L'époque et la durée de cette période d'instruction sont déterminées par le général commandant le 19° corps.

Les régiments de chasseurs d'Afrique n'envoient pas de cavaliers à l'Ecole d'application de cavalerie de Saumur pour y suivre

le cours d'instruction télégraphique prévu par les articles 6 et 7 du présent règlement.

Par exception aux règles qui précèdent, les régiments de chasseurs d'Afrique désignés pour être employés en Europe en cas de guerre sont pourvus du même personnel télégraphique que les régiments de cavalerie en France; mais leur matériel télégraphique de mobilisation reste en magasin en France, et ils ne possèdent, en temps de paix, que deux appareils optiques légers dont sont dotés les autres régiments; ils envoient leurs élèves télégraphistes à Saumur dans les conditions fixées à l'art. 6. Leurs cavaliers, télégraphistes titulaires accomplissent la période d'instruction annuelle prévue aux articles 24 et suivants à l'Ecole d'Alger, qui dispose à cet effet du matériel de télégraphie nécessaire. L'époque et la durée de cette période d'instruction sont déterminées par le général commandant le 19ᵉ corps.

### Réparation et entretien du matériel.

Art. 44. Chaque année, au moment de leur réunion à l'Ecole d'Alger, les télégraphistes des corps emportent à ladite Ecole leurs appareils optiques pour être vérifiés et réparés s'il y a lieu. Ils rapportent ces appareils à leur retour. Dans le cas où un appareil ne pourrait plus fournir un bon service et ne serait plus susceptible d'être réparé, il serait remplacé par les soins de ladite Ecole.

Les corps s'adressent à l'Ecole d'Alger pour obtenir, dans le courant de l'année, le remplacement des appareils qui seraient mis hors de service par cas de force majeure ou toute autre cause.

## DISPOSITIONS GÉNÉRALES ET TRANSITOIRES.

### Documents antérieurs abrogés.

Art. 45. Sont abrogés les documents ci-après :

1º Le règlement sur l'organisation et le fonctionnement du service de la télégraphie légère dans les troupes de cavalerie du 9 février 1889 ;

2º L'instruction relative à la composition, au transport et à l'entretien du matériel du service de la télégraphie légère du 9 février 1889 ;

3º Les décisions et notes ministérielles qui ont modifié le règlement et l'instruction susvisés du 9 février 1889.

Paris, le 14 mai 1896.

*Le Ministre de la guerre,*

Signé : BILLOT.

# ANNEXE

**Programme sommaire des matières qui devront être enseignées aux cavaliers télégraphistes à l'École régionale de télégraphie légère.**

Organisation et fonctionnement du service de la télégraphie légère dans les régiments de cavalerie.

Constitution d'un atelier de télégraphie légère.

Matériel électrique des ateliers de télégraphie légère. (Désignation. — Nomenclature. — Emploi. — Répartition du matériel entre les cavaliers d'un atelier.)

Matériel optique. — Appareils et accessoires.

Chargement du matériel électrique et optique sur les chevaux. — Entretien du matériel en service ou en magasin. — Vérification des piles, des appareils et du câble.

Matériel roulant de la télégraphie légère. (Voiture de brigade. — Chargement de cette voiture.)

Construction et relèvement d'un tronçon de ligne en câble. (Théorie du déroulement. — Confection des ligatures. — Utilisation de l'appareil de déroulement, de la lance à fourche, de la hache à pic, etc.)

Coupure et rétablissement des lignes sur poteaux. (Emploi des étriers, des moufles, du commutateur, des serre-fils, etc.)

Raccordement d'une ligne en fil nu avec une ligne en câble.

Installation de postes télégraphiques et téléphoniques.

Installation d'un poste avec la cantine à appareil.

Destruction d'une ligne et sa réparation. (Utilisation de la scie articulée, des moufles, des mâchoires, etc.)

Utilisation des lignes existantes.

Lecture de cartes. — Envoi de cavaliers sur des postes éloignés désignés sur la carte. — Recherche des stations optiques sur le terrain et au moyen de la carte.

Notions sur les appareils en usage sur les lignes télégraphiques du territoire et les lignes internationales.

Reconnaissance et visite d'un bureau municipal de l'administration des télégraphes et d'un bureau de gare (1). Dispositions à prendre pour installer et détruire les communications télégraphiques de ce bureau.

Lecture au son.

Principes d'optique.—Description et réglage des appareils de 0,10.

Exercices optiques de jour et de nuit.

Recherches de stations optiques sur le terrain et au moyen de la carte.

Règles des transmissions télégraphiques.

Rédaction des dépêches.

---

(1) Apres en avoir obtenu l'autorisation du directeur régional du service télégraphique militaire ou du chef de la gare dans laquelle se trouve installé le bureau télégraphique, suivant le cas.

*État des objets entrant dans la composition du lot de matériel d'instruction de l'École régionale de télégraphie légère.*

| DÉSIGNATION DU MATÉRIEL. | QUANTITÉS. | OBSERVATIONS. |
|---|---|---|
| Lots complets de matériel d'un atelier régimentaire. | 4 | Chacune des écoles peut être pourvue, en outre des objets spécifiés au présent tableau, d'autre matériel et d'objets d'outillage suivant les ressources du budget. |
| Lot spécial de matériel d'une voiture légère de brigade | 1 | |
| Appareils d'instruction optique | 12 | |
| Appareils légers de transmission (parleurs, vibrateurs ou microphones) | 12 | |
| Postes téléphoniques à 3 téléphones Aubry | 3 | |
| Appareils Morse de campagne. | 6 | |
| Piles de campagne | 6 | |
| Appareils optiques de 0,10 (avec sacoches) | 4 | |
| Harnachement spécial pour cheval d'officier | 1 | |
| Imprimés — Carnets de dépêches de départ | 40 | |
| Imprimés — Carnets de dépêches d'arrivée | 40 | |
| Imprimés — Enveloppes | 2,000 | |
| Exemplaires du Règlement du 14 mai 1896 sur l'organisation et le fonctionnement du service de la télégraphie légère | 40 | |
| Exemplaires de l'Instruction ministérielle du 14 mai 1896, relative à la composition, au transport et à l'entretien du matériel du service de la télégraphie légère | 40 | |
| Cartes des environs de la garnison au 1/80.000. | 30 collections | |

## PÉRIODE DE FONCTIONNEMENT DES ÉCOLES RÉGIONALES DE TÉLÉGRAPHIE LÉGÈRE.

| DÉSIGNATION des ÉCOLES RÉGIONALES. | DÉSIGNATION DES RÉGIMENTS DE CAVALERIE qui envoient leurs cavaliers télégraphistes dans les écoles régionales désignées ci-contre. | DATE à laquelle LES CAVALIERS télégraphistes devront être rendus à l'École régionale de télégraphie légère (1). | DATE à laquelle LES CAVALIERS télégraphistes quitteront l'école pour rejoindre leur poste. | DÉSIGNATION DES FONCTIONNAIRES qui devront, en principe, être affectés à diriger l'instruction DES CAVALIERS TÉLÉGRAPHISTES (2). |
|---|---|---|---|---|
| Versailles .... | 1re division et 5e brigade de corps.. | 1er avril. | 29 avril. | Fonctionnaire de la 1re division. |
|  | 1re, 2e, 3e et 4e brigades de corps.. | 1er mai. | 29 mai. | Fonctionnaire proposé pour la télégraphie légère. |
|  | 5e division..................... | 1er juin. | 29 juin. | Fonctionnaire de la 5e division. |
| Lunéville. .... | 2e division et 6e brigade de corps... | 1er avril. | 29 avril. | Fonctionnaire de la 2e division. |
|  | 3e division................. | 1er mai. | 29 mai. | Fonctionnaire de la 3e division. |
|  | 4e division et 6e brigade bis de corps. | 1er juin. | 29 juin. | Fonctionnaire de la 4e division. |
| Lyon ........ | 6e division et 14e brigade de corps.. | 1er avril. | 29 avril. | Fonctionnaire de la 6e division. |
|  | 7e, 8e, 13e et 15e brigades de corps. | 1er mai. | 29 mai. | Fonctionnaire proposé pour la télégraphie légère. |
|  | 7e division... ............... | 1er juin. | 29 juin. | Fonctionnaire de la 7e division. |
| Limoges. ...... | 9e, 10e, 11e et 12e brigades de corps. | 1er mai. | 29 mai. | Fonctionnaire proposé pour la télégraphie légère. |
|  | 16e, 17e et 18e brigades de corps... | 1er juin. | 29 juin. | Fonctionnaire proposé pour la télégraphie légère. |

(1) Les cavaliers télégraphistes convoqués à une école régionale de télégraphie légère doivent être rendus à cette école au jour fixé dans le tableau ci-dessus *avant midi.*

(2) Dans le cas de nécessité, les fonctionnaires du service de la télégraphie légère spécifiés dans la colonne « Observations » seraient remplacés par des fonctionnaires choisis parmi ceux qui ont effectué un stage à l'école de Saumur.

Ces fonctionnaires doivent être rendus à l'École régionale la veille du jour de l'arrivée des cavaliers télégraphistes; ils seront démobilisés le surlendemain du jour du départ de ces cavaliers.

**ÉCOLE RÉGIONALE**
DE TÉLÉGRAPHIE LÉGÈRE
de
—

*Période du*
*au*

*ÉTAT des cavaliers télégraphistes qui ont suivi les cours de l'École régionale de télégraphie légère du          au 18     .*

| DÉSIGNATION du corps. | NOMS. | GRADES. | MANIPULATION de l'appareil Morse. | LECTURE AU SON. | OPTIQUE. | INSTALLATION des postes et des lignes. | APTITUDE GÉNÉRALE. | OBSERVATIONS. |
|---|---|---|---|---|---|---|---|---|
|  |  |  | (a) | (a) | (a) | (a) | (a) | (a) Note de 0 à 20. |

A                    , le                    18     .

*Le Fonctionnaire chargé de l'instruction de l'École,*

Vu ;
*Le Capitaine directeur de l'École,*

MODÈLE N° 1.

## PROCES-VERBAL

*de visite du matériel télégraphique en dépôt*
*dans le   régiment de        à*

## UNITÉS EN DÉPOT.

Lot du matériel de deux ateliers régimentaires;

Lot du matériel spécial à la voiture légère de brigade.

L'an mil huit cent quatre-vingt        le
                et jours suivants;
nous            capitaine du génie, désigné par ordre ministériel en date du
pour procéder à l'inspection du matériel télégraphique en dépôt dans le ·  régiment de
avons passé la revue dudit matériel en présence de M            au      régiment de
chargé spécialement de surveiller l'instruction des cavaliers télégraphistes du corps, et avons constaté ce qui suit :

1° MATÉRIEL TECHNIQUE (*a*).

(*a*) Noter d'une manière générale la façon dont fonctionnent les appareils et l'état dans lequel se trouve le matériel; faire, le cas échéant, des propositions pour améliorer les conditions de conservation de ce matériel.

(*b*) Indiquer l'état de l'a-
ménagement intérieur des
voitures légères.

## 2° MATÉRIEL ROULANT (*b*).

(*c*) Spécifier l'emplace-
ment des locaux où est entreposé le matériel ; noter
l'influence que peut avoir
leur aménagement sur la conservation du matériel.

Faire, le cas échéant, des
propositions pour remédier
aux inconvénients signalés.

## 3° LOCAUX OU EST ENTREPOSÉ LE MATÉRIEL (*c*).

## 4° OBSERVATIONS GÉNÉRALES.

Au présent procès-verbal sont annexés

états donnant la situation du matériel

de chacune des unités en dépôt dans les corps.

A             , le             189  .

*Le             chargé spécialement de*
*la surveillance et de l'instruction des*
*cavaliers télégraphistes,*

*Le Capitaine du génie*
*chargé de l'inspection.*

Vu et TRANSMIS

A             , le             189  .

*Le Colonel commandant le régiment,*

MODÈLE N° 2.



# ÉTAT ANNEXÉ AU PROCÈS-VERBAL DE VISITE
## DU MATÉRIEL TÉLÉGRAPHIQUE.

*ÉTAT donnant la situation du ma-* { *de deux ateliers régimentaires*
*tériel. . . . . . . . . . . . . . . . . . . .* { *d'une voiture légère de brigade*
*en dépôt au* ° *régiment d* à

| NUMÉROS de la NOMENCLATURE | | DÉSIGNATION des OBJETS. | NOMBRE réglementaire. | EXCÉDENTS. | DÉFICITS. | MATÉRIEL EN MAUVAIS ÉTAT | | | OBSERVA- TIONS. |
|---|---|---|---|---|---|---|---|---|---|
| sommaire. | détaillée. | | | | | à réparer sur place. | à renvoyer au dépôt central. | à proposer pour la réforme. | |
| | | | | | | | | | |

A , le 189 .

*Le Capitaine du génie chargé de l'inspection,*

*Le de cavalerie chargé de la surveillance
et de l'instruction des cavaliers télégraphistes,*

**NOTA.** — La visite de chacun des lots suivants : matériel de deux ateliers régimentaires, matériel d'une voiture légère de brigade, doit donner lieu à l'établissement d'un
état du présent modèle, spécial pour chaque lot.

# TABLE DES MATIÈRES

## CHAPITRE Ier.

### OBJET ET FONCTIONNEMENT GÉNÉRAL DU SERVICE DE LA TÉLÉGRAPHIE LÉGÈRE EN CAMPAGNE.



## CHAPITRE II.

### ORGANISATION DU SERVICE DE LA TÉLÉGRAPHIE LEGERE.

#### 1° *Personnel.*



#### 2° *Matériel.*



## CHAPITRE III.

### INSTRUCTION DES CAVALIERS TÉLÉGRAPHISTES EN TEMPS DE PAIX.

#### 1° *Instruction des cavaliers télégraphistes dans le regiment.*



#### 2° *Instruction à l'École régionale de télégraphie legère.*



#### 3° *Instruction des télégraphistes aux manœuvres.*

## CHAPITRE IV.

RÈGLES GÉNÉRALES POUR LE FONCTIONNEMENT DU SERVICE DE LA TÉLÉGRAPHIE LÉGÈRE EN CAMPAGNE.



## CHAPITRE V.

DISPOSITIONS SPÉCIALES AUX RÉGIMENTS DE CHASSEURS D'AFRIQUE.



*Dispositions générales et transitoires.*



## ANNEXE.



## MODÈLES.